一水心语

关东海 著

燕山大学出版社
·秦皇岛·

图书在版编目（CIP）数据

一水心语 / 关东海著．—秦皇岛：燕山大学出版社，2021.5
ISBN 978-7-5761-0181-2

Ⅰ．①一…　Ⅱ．①关…　Ⅲ．①诗集—中国—当代　Ⅳ．① I227

中国版本图书馆 CIP 数据核字（2021）第 075425 号

一水心语
关东海 著

出 版 人：陈　玉
责任编辑：张　蕊
封面设计：刘　雨
装帧设计：刘　雨
出版发行：燕山大学出版社 YANSHAN UNIVERSITY PRESS
地　　址：河北省秦皇岛市河北大街西段 438 号
邮政编码：066004
电　　话：0335-8387555
印　　刷：河南匠之心印刷有限公司
经　　销：全国新华书店

开　　本：787mm×1092mm　1/36
印　　张：9
字　　数：130 千字
版　　次：2021 年 5 月第 1 版
印　　次：2021 年 5 月第 1 次印刷
书　　号：ISBN 978-7-5761-0181-2
定　　价：62.00 元

自　序

“诗者，志之所之也。在心为志，发言为诗。”（《毛诗序》）

十年前从美国访学归来，我便开始坚持习字、画山水画和写诗三件事，吟诗、作画是我认为极好的抒发情感的方式，灵感来时如泉涌自然，缀玉联珠，整篇就流淌出来了。十年光阴，写成古体诗、词五百多首，从中选出两百多首集成此册，主要为与同道交流。所集诗词皆来自生活所感，语言直白自然，追求诗情画意，一部分诗、词并未严格按照格律所作，自认为诗句不应被太多束缚和限制，只求能很好地表达心境，最好能直抒性情。由于每首诗皆来自生活经历，因此，其中诗意只有自己能最好地理解，绘画也是同样的。

不管怎样，这些诗是自己的人生积累，是一个阶段的记录，亦是人生旅程上的一抹痕迹，就像那汪洋大海里的一滴水，存在了总会有点价值。

關東海

2021 年 4 月 18 日

目录

古体诗 2012—2021

3 远村
4 咏太行
5 猪叫岩
6 秋寒
7 游黄山
8 度年
9 八家路尘
10 荷塘
11 野犬
12 悲山
13 狼山
14 春来
15 清明

16 死犬
18 太行春
19 殷墟池塘
20 扫路人
21 七月擀珠
23 赏天变
24 天罚
25 陌路人
26 体检
27 泉心
28 外来香
29 大原
30 云
31 迁徙
32 过天山
33 二过天山
34 游吐鲁番
36 新疆斗鸡
37 羊说
38 金丝玉
39 咏松
40 夜宿郭亮村
41 游太行丹分沟
42 赏太行
43 听瀑

44 山雨
45 太行人赞
46 同窗
47 霾
48 月夜思亲
49 写圆明园
50 感人生
51 日食
52 无眠
54 寒鸦
55 赏春
56 哀柳
57 察春
58 观星
59 神游
60 万仙山
61 寒友
62 乐山
63 宁夏行
64 伏夏
65 暮景
66 友聚
67 咏蝉
68 张家界
70 老道湾

71　　游老道湾
72　　游张家界
73　　游天子山
74　　月圆思亲
75　　游华山
76　　山水
77　　种葫芦
78　　夜来风
79　　咏赤霞
80　　石榴
81　　仙音
82　　佛山
83　　度冬
84　　新居
85　　回流
86　　水墨
88　　立春
89　　游永兴大明寺
90　　过客
91　　赏玉兰
92　　春尘
93　　三友
94　　品龙井
95　　和合
96　　松 · 柳

97 芒种
98 游肇庆
99 蚁战
100 端午
101 夏至
102 探乡
104 山居
105 咏荷
106 远眺
107 走玉
108 美云霞
109 商都行
110 访唐头营子
111 临天池
112 游长白山天池北坡
113 游长白山天池南坡
114 观清明上河图
115 自勉
116 问渠三贤
117 飞雪
118 雾
119 绘事
120 苏扇
122 天局
123 凡尘

124　盼儿归
125　动静
126　雄鸡
127　天眼
128　元宵
129　友聚
130　春时
131　独月
132　游灵通山
133　方竹
134　甘露寺
135　画趣
136　湖光
138　海南游
139　高原行
140　游阿里
141　弈棋
142　游金灯寺
143　游鲁班豁
144　访山叟不遇
145　采柏人
146　高原行
147　长岛
148　琴箫乐
149　登黄鹤楼

150　自在树
151　威尼斯
152　无界
153　拜娲皇宫
154　阿里行
156　卒业
157　移来木
158　筑巢
159　宫中菊
160　金阁牡丹
161　沂蒙山村
162　登泰山
163　鹦鹉
164　阿里
165　写松柏
166　画山水
167　西域情
168　丽江
169　漓江
170　边疆行
172　秋寒
173　阳朔
174　大龙湫
175　悟空
176　不期

177 晚冬
178 画人
179 山中
180 忙
181 论画
182 行阿里
183 北水段
184 黄山
185 秋夜
186 绘事
188 春来
189 痴书
190 参南华古寺
191 叹玉兰
192 同世缘
193 清明
194 牡丹园
195 访泥塑家
196 纪行
197 得闲
198 游蓟州
199 拜永福寺
200 茶情
201 壶
202 坭兴陶

203 访扬州
204 扬州瘦西湖
206 捡石人
207 罗布泊野人
208 涮沙
209 锡崖沟
210 大山
211 豪德寺
212 游武夷山
213 腊八
214 春绿
215 秋静
216 心得
217 春时
218 胖模特
219 老模特
220 玻璃厂
221 习书画
222 五一节
224 访资州
225 重逢
226 拓画
227 己亥中元节
228 友别
229 笔走天涯

230　悟艺
231　教师节
232　聚会
233　寒露
234　残荷
235　事故
236　西湖
237　励志
238　游鹿儿岛
240　育人
242　庚子春
243　鹦鹉
244　老母鸡
245　立夏
246　母亲节
247　乐梦
248　食欲
249　闲日
250　境界
251　小满
252　牡鹿
253　菊
254　咏梅
255　鞑子香
256　毕业典

258 双刃剑
260 荔枝
261 天山
262 向山
263 东极
264 行路
265 感秋
266 玻璃博物馆
267 秦皇岛
268 长岛行
269 陶园记
270 茶器 · 杯
271 高原行
272 伤秋
274 笔法诀
275 咏漆器八首
279 画室
280 十渡
281 晨
283 岁末
284 年关
285 卧游
286 写山
288 六条幅
291 过年

292 玉缘
295 水调歌头 · 三入新疆
296 临江仙 · 儿子生日
297 西江月 · 回故乡
298 霞云红
299 西极
300 白日梦
301 重阳
302 卜算子 · 冬至
303 鹧鸪天 · 心苦
304 长相思 · 行旅

307 后记

古体诗

2012 — 2021

远村

雨浓画境小山村，
古杏老屋石院门。
壮力少俊皆不在，
只留聋哑驼背人。

2012 年 9 月 15 日

咏太行

仰望天路云断处，
一线飞瀑入深谷。
叠叠巨石压面来，
千尺万卷神仙书。

2012 年 9 月 15 日

猪叫岩

山似苍龙水似蛟，
草花野岭黄牛老。
溪边小屋无人住，
瓜熟果烂落胡桃。

2012 年 9 月 17 日

秋寒

饱食美酒大红蟹，
心暖不畏寒秋夜。
千里横降西北风，
苍叶落尽飞老雀。

2012 年 10 月 16 日　北京

游黄山

幽婉半山路，
长青崖边松。
雾起山不见，
云深人无踪。
山高心胆寒，
雨骤寺庙空。
天暗得归途，
万阶伤膝痛。

2012年10月28日 清河家中

度年

忙忙未成一两事，
碌碌不觉又年终。
春飞花香飘暖夏，
秋去叶落入寒冬。
一日飘忽一年尽，
十载辛劳满心空。
心怀少壮增银发，
但惜时日度余生。

2012 年 10 月 30 日　清华园

八家路尘

高楼平地起，
老宅荡无存。
街旁树伐尽，
飞扬满路尘。

2012年10月31日 清华园

荷塘

花叶叠满塘，
红领绿衣裳。
蝶舞花间过，
花羞叶下藏。
鱼戏钓鱼翁，
蛙扰午睡郎。
我独来赏荷，
自领美与香。

2012 年 10 月 31 日　清华园

野犬

空街冷巷路灯暗，
黑屋檐下老野犬。
曾是主人怀中爱，
再无廊下盘内餐。
长夜飘零八方嗅，
秋雨浸透天地寒。
严冬腊月尚未到，
身栖何处度此年。

2012 年 11 月 3 日 清河家中

悲山

一人贪求生财路，
可怜青秀万年山。
铁臂挖得半山尽，
石坝筑起小溪干。
毒烟弥漫草木死，
白石铺路鼠兔迁。
何时惹来山神怒，
洪水荡尽还河山。

2012 年 11 月 4 日　清河家中

狼山

石径踏过松林间，
碑倚流泉石兽闲。
千阶婉转上山路，
万木苍翠染云烟。
一望长江茫无际，
数点舟船行在天。
虔敬礼拜大菩萨，
自此狼山结善缘。

2012 年 11 月 4 日 清河家中

春来

纷忙不觉春二月，
天颜多变鸟回迁。
前日万木笑负雪，
今绽红花满枝间。

2013 年 3 月 24 日　清河家中

清明

清明细雨如约降，
黑街老巷藏花香。
远远一点黄灯处，
小店热面暖寒肠。

2013年4月4日 清河家中

死犬

满身泥污色难辨，
饥寒常忍无人怜。
熬得冬去春来暖，
薄命轮下赴黄泉。

2013 年 4 月 6 日 清华园

《秦岭深处》关东海

太行春

春鸟鸣空谷，
老树石瓦屋。
山横半天壁，
风吹万木苏。

2013 年 4 月 30 日　太行山

殷墟池塘

二叟闲垂钓，
童孙忙戏鱼。
池塘蛙连叫，
蝶舞燕衔泥。

2013 年 5 月 2 日 殷墟

扫路人

强日炫目照，
干风裹黄尘。
拾荒垃圾落，
可怜扫路人。

2013 年 5 月 14 日　清华园

七月擀珠

夫妻围火炉，
七月作擀珠。
户外烈日凉，
屋内似火窟。
湿巾头上裹，
汗泻如雨珠。
左手持铁条，
右手握料束。
两眼定神观，
望穿挡热布。
缠珠三尺外，
点眼手稳住。

擀珠青石槽，
落珠香灰土。
日做三百粒，
老妇月收珠。
老妇年七旬，
但恐后人无。
条条花珠串，
遥遥西南赴。
一线商路断，
手艺难传术。
拜问炉神庙，
玄机转何处。
续传绝身技，
求索创新路。

2013 年 5 月 15 日　清河家中

赏天变

百里天幕双龙舞，
电光四射剑齿出。
下界万灵急隐藏，
唯我仰天赏戏珠。

2013 年 5 月 21 日　清河家中

天罚

东南大水路桥断，
西南无雨旱三年。
青龙顽劣白龙睡，
灾降众生天不怜。

2013 年 5 月 28 日 沈阳旅行途中

陌路人

往来路人无招呼，
一人生活一部书。
厚薄插得书满架，
擦肩接踵互不读。

2013 年 5 月 28 日　沈阳旅行途中

体检

一岁检修一岁朽，
相笑寒暄内里忧。
去年牛头收一人，
今日马面让谁留。

2013 年 6 月 2 日　清华园

泉心

身随乾坤转，
心似泉清淡。
福祸皆因果，
外乱内不乱。

2013 年 6 月 6 日　沈阳旅行途中

外来香

雨落春土一苗长，
青枝嫩叶探四方。
高墙蛛网挡不住，
花开园内园外香。

2013 年 6 月 18 日　清河家中

大原

天地两苍茫，
敖包环牛羊。
长风吹草劲，
红炉飘奶香。
酒烈狂肆饮，
原莽任游缰。
豪情怀先祖，
寒刀大弓张。

2013 年 6 月 22 日 清河家中

云

逍遥随风行，
往来不住停。
天涯处处在，
万化无定形。

2013 年 7 月 10 日　纽卡斯尔马克家中

迁徙

赠马克夫妇

同林迁飞雌雄鸟，
比翼跨洋筑新巢。
艰辛卧孵白玉卵，
出壳乃现龙一条。

2013 年 7 月 15 日 纽卡斯尔马克家中

过天山

朝别乌尔禾，
驭车进天山。
壁悬盘龙路，
深谷鸣激川。
赤膊戏冰雪，
雨雹袭人散。
日映双虹丽，
云黑雷音传。
冷松万针碧，
牛马羊群连。
夕照金光道，
哈达云山间。
相顾多情谊，
一路狂歌欢。

2013 年 7 月 29 日　新疆和静

二过天山

回程天山另一路，
高崖万仞魂惊出。
遥览瞬息山色变，
飞云飘挂半坡间。
黄花数簇抖神采，
肥鸟一双觅食闲。
铁牌注明此高险，
绝壁敖包石谁添？
驱车缓入老虎嘴，
阴森迷离临冥渊。
巨石疏松摇欲坠，
云中山鬼冰舌悬。
一弯转过神初定，
天堂地狱过此巅。

2013年8月7日 清河家中

游吐鲁番

迎风百里下行路，
横亘炽烈火焰山。
缓坡相列葡萄棚，
溪谷切断褶皱山。
葡萄沟里画美女，
交河古城拜空坛。
吐峪沟村民风朴，
佛洞梯断窟壁残。
千架高井采油近，
勿使土屋换红砖。

2013 年 8 月 7 日　清河家中

《高境》关东海

新疆斗鸡

三尺大雄鸡，
性烈花羽齐。
相斗娱人乐，
羽飞血淋漓。
战场无输赢，
红肉入酒席。
常人每相争，
可知命似鸡？

2013 年 8 月 9 日　清河家中

羊说

我为原上羊，
草肥食四方。
世代为人牧，
从来寿无长。
饮我腹下乳，
毛皮做衣裳。
吾肉汝食尽，
吾骨赏犬狼。
六道总轮回，
来生汝为羊。

2013年8月9日 清河家中

金丝玉

风刀琢戈壁，
红黄金丝玉。
朴美天做成，
无劳玉人力。

2013 年 8 月 10 日　清华园

咏松

扶摇苍龙干，
枝泻鸾凤尾。
微风疏琴声，
叶落清茶水。

2013 年 8 月 15 日 清华园

夜宿郭亮村

半壁野山孤月明，
晚客偶到引犬惊。
饮空老酒欲叙茶，
一语未尽起鼾声。

2013 年 8 月 19 日 太行郭亮村

游太行丹分沟

仰瞻连天壁，
石阶索丹崖。
玉蟾升皎月，
白龙归青峡。
萧风鸣寒木，
激水切冰花。
笔墨诗酒兴，
灯火宿人家。

2013 年 8 月 24 日 清河家中

赏太行

临渊曲径绕奇峰，
丹阳一点照壁红。
土雀羽掠松阴里，
药草花修石缝中。
片石叠起千崖立，
一水切过百谷通。
亿年造化得此秀，
执酒携琴独坐拥。

2013 年 9 月 1 日　清河家中

听瀑

溪流轻咕夜听瀑，
红烛照尽黄纸书。
鸟睡虫鸣河汉转，
幻有佳人抱琴出。

2013年9月6日 太行郭亮村

山雨

高崖无廓山雨凄，
摇曳红伞又红衣。
写山不成当行酒，
三五吆喝棚临溪。

2013 年 9 月 8 日　太行郭亮村

太行人赞

惊赞斧锤凿通壁，
更叹石板路九里。
愚翁子孙不惧石，
心坚体勤万难移。

2013 年 9 月 11 日　太行郭亮村

同窗

四载同窗上下床，
离校一别两相忙。
兄闯天涯网财苦，
弟守寒阁品书香。
意气消磨人渐老，
华发多生心尚强。
偶有往来得聚首，
一如当年把酒狂。

2013 年 10 月 4 日　清河家中

霾

无风连日霾，
若鱼在浑水。
医家满庭患，
路人皆罩嘴。

2013 年 10 月 5 日 清河家中

月夜思亲

秋坐空楼台，
冷月独相对。
一盘热水饺，
两行思亲泪。
再无问冷暖，
当自明是非。
身孤念双亲，
望像常心悲。
何界可得寻？
但求梦中会。

2013 年 10 月 19 日　清河家中

写圆明园

日暮叠舟影，
南雁斜天边。
长堤连孤岛，
细柳探空莲。
雕花残石乱，
折腰半狮眠。
观者皆唏嘘，
哀痛大皇园。

2013 年 10 月 27 日 清华园

感人生

人当中年时，
始觉天轮行。
衰朽老者逝，
不息有新生。

2013 年 11 月 2 日　清华园

日食

天枢璇玑动，
月蟾蔽日乌。
焚香静祷念，
刹那万灵出。

2013 年 11 月 4 日 清河家中

无眠

气清山影远，
天际半月悬。
枕孤人反侧，
思乱不成眠。

2013 年 11 月 25 日　清华园

《静山图》关东海

寒鸦

寒暮日沉西，
星逐半月低。
路上行人速，
枝头群鸦栖。

2014 年 2 月 8 日　清华园

赏春

娇柳探池春好时，
半蔽篷船隐青枝。
快步趋花惊鸟散，
雪羽天鹅隔岸嘶。

2014 年 3 月 25 日 清河家中

哀柳

百年老柳青丝低，
一朝伐尽令人惜。
只为圈地高楼建，
千人有住鸟无栖。

2014 年 4 月 3 日 清河家中

察春

絮雪飞花春将去，
雨润千虫鸟食足。
丽园和风赏不尽，
薄衣轻裳美人图。

2014 年 4 月 30 日 清华园

观星

太行千壑万水流，
洗尽都市尘嚣愁。
仰看繁星满天际，
方知身从河汉游。

2014 年 5 月 3 日 清华园

神游

太行横当头，
万壑高泉流。
繁星数不尽，
身从天地游。

2014年5月3日 清华园

万仙山

小店相簇迎谷间，
祥阳瑞彩照碧天。
嶙峋奇石山头立，
疑是天池聚满仙。

2014 年 5 月 29 日　清华园

寒友

松含千古雪，
柏历万载寒。
四季品不移，
长青立世间。

2014 年 6 月 3 日　台北

乐山

草木当羡人乐游，
万山空对自无愁。
清泉汲来煮茶酒，
不思都市千尺楼。

2014 年 6 月 8 日 清华园

宁夏行

纵横千古西夏地，
莽原辽阔连天际。
亿年风沙堆厚土，
万载水流切深峪。
古城独存宋时塔，
狼烟不再烽火弃。
岗上数屋仍坚守，
小树新种点点绿。

2014 年 6 月 30 日 清河家中

伏夏

厉日三伏夏，
消暑红西瓜。
树树有蝉闹，
侧卧赏荷花。

2014 年 7 月 11 日　清华园

暮景

气清西山近，
夕阳展红霞。
纤柳垂连地，
绿雪落槐花。

2014 年 7 月 14 日 清华园

友聚

相对手持觞，
隔帘落西阳。
应叹昼叙短，
但喜夜话长。
尽显笔墨妙，
快意诗书狂。
助兴酒再饮，
做回少年郎。

2014 年 7 月 20 日　清华园

咏蝉

数载地下行，
今出攀无停。
只为胸中臆，
百尺高枝鸣。

2014 年 7 月 23 日　清河家中

张家界

不虚张家界，
万里常聚仙。
百谷山溪绕，
千峰直指天。

2014 年 7 月 26 日　张家界

《山高图》关东海

老道湾

长梦随溪声，
水天钩月行。
山头灵雾起，
难释此乡情。

2014 年 7 月 26 日　张家界

游老道湾

徘徊入曲径，
踯躅画中行。
玄妙雪花洞，
鬼谷此传经。
二极常虚转，
八方不留声。
造山神鬼力，
奇秀居仙灵。

2014 年 7 月 26 日 张家界

游张家界

写山叹美景，
聚友显真情。
高歌惊雀起，
清风引蝉鸣。
千寻群峰立，
一宇半月明。
天门赏歌舞，
夜深车狂行。

2014 年 7 月 27 日　张家界

游天子山

缆车飞宝顶，
步道临高崖。
江山添玉笔，
美人献福花。
天桥系情锁，
悬山出云霞。
游人皆惊叹，
身在仙人家。

2014 年 7 月 28 日 张家界

月圆思亲

月圆似明镜，
思念照双亲。
不觉两行泪，
镜破映碎心。

2014 年 8 月 11 日　清河家中

游华山

游遍华夏千座山，
乃识华山冠险雄。
高崖万仞屏天地，
深壑无底藏蛟龙。
神遣奇石五峰顶，
天生怪松石缝中。
一路险绝魂惊断，
同历大美赞不同。

2014 年 8 月 28 日 清河家中

山水

缓步石桥上，
草亭享龙茶。
银泉划青壁，
长松企高崖。
山深藏小寺，
林密隐人家。
西山落日尽，
半宇金赤霞。

2014 年 9 月 10 日　清河家中

种葫芦

春种一籽葫芦苗，
夏来青果满棚吊。
好形留得长年赏，
形孬摘下入菜肴。

2014年9月21日 清河家中

夜来风

蒙原夜风传，
吹走千丝烦。
锁城三日雾，
一扫去江南。

2014 年 10 月 12 日　清华园

咏赤霞

但得嘉友来，
酒罢吃红茶。
一线清香起，
七玄妙音发。
柔风拂鳞云，
落日散赤霞。
曲尽余音在，
按琴感春华。

2014 年 10 月 21 日 清华园

石榴

门前端立艳金秋，
子孙长宜人多求。
小口微开低头笑，
绿帕遮面红颊羞。

2014 年 10 月 24 日 清河家中

仙音

香动一声起，
指送七弦发。
高山阻天路，
流水凿通峡。
双鹤舞鸣泉，
数雁落平沙。
玄音妙不尽，
寰宇飘赤霞。

2014 年 10 月 26 日　清华园

佛山

山似大佛卧，
福佑千万家。
春盖绿绒被，
秋披红袈裟。

2014 年 10 月 30 日　清华园

度冬

大风真冬相，
黄叶飘若烟。
父母眠地下，
兄姊互问暄。
手足真情在，
骨肉血脉连。
一室炉火红，
任它飞雪天。

2014 年 12 月 2 日 清河家中

新居

双鸟筑巢高树栖，
半生熬过有新居。
衔枝添草自为乐，
避风遮雨得静息。

2014 年 12 月 18 日 清河家中

回流

百世春秋枯复荣，
一代财满一代空。
昔日珍宝西掠去，
今行万里复流东。

2015 年 1 月 3 日 清河家中

水墨

长毫出清水，
白卷展画台。
纵情一山墨，
夜半雪悄来。

2015 年 1 月 25 日　清河家中

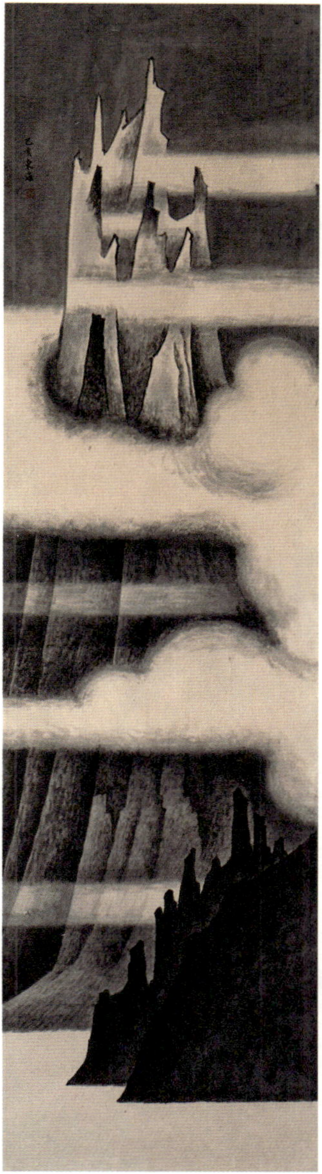

《秘境》关东海

立春

风清立春日，
新业欲开时。
天枢机运至，
生发不可迟。

2015 年 2 月 5 日　清河家中

游永兴大明寺

蹒步行将午，
只在半山中。
高崖嵌小寺，
裸岩生奇松。
万顷新竹绿，
一叶扁舟空。
高阶相错过，
陌路不识翁。

2015 年 3 月 24 日　清华园

过客

空谷泉流急，
青坡草为席。
悠悠骑驴过，
四望赏山奇。

2015 年 3 月 27 日　清华园

赏玉兰

树挂雪银灯，
天飘白玉盏。
举杯叹旧岁，
望花思故年。
诗凭美酒兴，
歌伴古琴传。
莫使花空放，
此春须尽欢。

2015 年 3 月 29 日　清河家中

春尘

娇春有尽落花泪，
飞絮如雪厌杀人。
黄龙一日乘风过，
京城百里罩微尘。

2015 年 4 月 15 日 清河家中

三友

松生万针叶，
梅开千朵花。
竹贵多高节，
三君聚乃佳。

2015年4月25日 清河家中

品龙井

初水八分烫，
气升拂面香。
叶叶人字立，
补水观金汤。

2015 年 4 月 27 日　清华园

和合

纪念世界反法西斯战争胜利七十周年

惊天一大战，
太平七十年。
同类共相生，
相屠何此残？
寰宇一孤星，
众生当惜怜。
简淡去贪欲，
但求精神全。
五谷有分享，
万邦无界圈。
愿有大同日，
世界共家园。

2015年5月1日 清河家中

松·柳

松饮微露崖头立，
柳趋浊水岸边留。
愿写小松苍龙干，
不画老柳千丝柔。

2015 年 5 月 20 日　清华园

芒种

高考如种谷，
毕业若麦收。
一因才种下，
一果已成熟。

2015 年 6 月 7 日　清河家中

游肇庆

赏诗七星岩，
悠游鼎湖山。
山低宜乘车，
湖小须渡船。
雨晴戏彩蝶，
泉响伴幽蝉。
穷尽乱石路，
赞拜巨鼎还。

2015 年 6 月 10 日　清华园

蚁战

路旁观蚁战，
尺方尸如山。
可知天地大，
相戮为哪般？

2015 年 6 月 15 日　清河家中

端午

玉粽又端午，
白发忆童年。
蛋承明目露，
腕系五彩线。
采花北山中，
斗蛋邻童间。
消夏五毒去，
艾草悬门边。

2015 年 6 月 22 日　清河家中

夏至

夏至虚雾隐山形，
楼高难避闹世声。
单骑轻踏赏荷去，
宁听树蝉乱蛙鸣。

2015 年 6 月 22 日 清河家中

探乡

边陲一小城，
天缘落此生。
葱葱北山踞，
滔滔大江横。
万华黑土育，
多愁赤子情。
相去十五载，
何人可得逢？

2015年6月29日 清河家中

《探幽》关东海

山居

石阶迷村后，
赏景任足行。
曲步入门径，
但闻磨刀声。
山叟提镰出，
主客各相惊。
青苔生满院，
老屋已相倾。
当此询故事，
同行唤呼声。
框景后院门，
山溪裹烟蒸。

2015 年 6 月 30 日　清河家中

咏荷

盛夏莲生繁，
区区小塘满。
千盏碧玉盘，
百只红珊碗。
玉盘承甘露，
红碗供香坛。
白足涉青泥，
净心日月观。

2015 年 7 月 7 日　清河家中

远眺

炽日燃天中，
大谷山纵横。
我心在高处，
悠悠看前程。

2015 年 7 月 11 日　清华园

走玉城

终到石佛寺，
中州访玉城。
街街满摊位，
铺铺积货丰。
朋友饮酒醉，
买卖还价清。
区区一小镇，
何来聚玉工？

2015 年 8 月 1 日 清河家中

美云霞

踏车回途中，
云暗雨行东。
虹弯罩福地，
赤霞映西空。
路人惊止步，
车夫忙驻停。
美景不常在，
自是忘红灯。

2015 年 8 月 4 日　清河家中

商都行

飞车长驱放缰行，
百里望尽坦途通。
丽阳高照云播雨，
石山相拱寺凌空。
遍野牛羊享丰草，
一坡岩画现奇功。
主闻客赞连壁景，
举杯相敬蒙歌中。

2015 年 8 月 6 日　商都

访唐头营子

小镇行过又三村，
细赏慢看临师门。
土墙老屋空期客，
莜面煮羊满盈盆。
五彩田间前人树，
八方路荡牛羊尘。
来时河干车可过，
雨后水满意留人。

2015 年 8 月 9 日 清河家中

临天池

车飞绝顶天路终，
临高唯赞造化功。
危崖奇险峰环立，
雨过留虹镜悬空。

2015年8月19日　前川林场

游长白山天池北坡

百里飞车惊断魂，
万人行缓入山门。
长白瀑布连天地，
聚龙温泉忘红尘。
小天池静映白桦，
绿渊潭清潜金鳟。
地下森林满深谷，
天池如镜照虹轮。

2015 年 8 月 19 日　前川林场

游长白山天池南坡

长坡连天际，
千阶通顶峰。
环赏山形丽，
俯览池水清。
野花噙甘露，
白桦舞仙风。
瞬息云万变，
无雨谢天公。

2015 年 8 月 23 日　前川林场

观清明上河图

早来故宫赏珍藏，
宝卷图长队更长。
深锁十年得一览，
万人复蹈卞城忙。

2015 年 9 月 17 日　故宫

自勉

叹罢春去秋又终，
躬勤有加需持恒。
年初详列全年事，
岁末细数有几成？
老雀急儿生羽缓，
霜菊哀蜂舞花穷。
时机不敏擦身过，
常悔此生不再逢。

2015 年 9 月 17 日　故宫

问渠三贤

老砚旧墨写山水，
金徽玉轸弹丝弦。
书道参透传秘法，
桥高院深隐三贤。

2015 年 9 月 20 日　清河家中

飞雪

长路驱天暗，
风雪闭空山。
未及更新袄，
一夜入冬寒。

2015 年 11 月 24 日　清华园

雾

晨餐将近午，
家中自在仙。
投眼望窗外，
无地也无天。

2015 年 11 月 29 日　清河家中

绘事

欲行广林千壑间，
垂首无奈已寒天。
艺为今日难师古，
展平画纸造吾山。

2015 年 11 月 29 日　清华园

苏扇

直角恰适臂弯长，
三指轻摇慢传香。
缓送舒风吹颈脉，
来夏不愁有清凉。

2015 年 12 月 20 日 清华园

《云之生》关东海

天局

万古阴阳翻覆事，
实为造化一局棋。
上有神仙一子落，
带给人间百年题。

2015 年 12 月 28 日　清华园

凡尘

浮游天与地，
宇宙一粒尘。
清淡亦滋味，
无欲乃真人。

2016 年 1 月 9 日 清河家中

盼儿归

春风迎不到，
秋水不见回。
只有除夕日，
冻饺待儿归。

2016 年 1 月 15 日　清华园

动静

天时有动地有移，
大雨雷音所过急。
闭门书斋得此静，
欲识风烈看旌旗。

2016年1月18日 清河家中

雄鸡

职在唤日天尚黑，
圆目警张守矮扉。
头飘火冠神抖擞，
铁爪登高耀武威。

2016 年 1 月 23 日 清河家中

天眼

水清湖底浅，
雾隔青山远。
双目看不透，
心中修天眼。

2016 年 2 月 13 日　清河家中

元宵

小巷人归行，
锣鼓闹河清。
红绿烟花水，
万灯照月明。

2016 年 2 月 23 日 清河家中

友聚

久期老友来聚首，
相嘘银丝多上头。
未出三句聊书画，
更将千言话春秋。
妙语如花吐为快，
香茶代酒醉方休。
兴高不觉天已亮，
孤灯无倦影清幽。

2016 年 3 月 1 日 清华园

春时

晚风驱霾早日明，
丽阳暖身缓步行。
弱柳千丝已蒙绿，
新蕾万点现微红。
老树聚鸦杂乱语，
陡檐藏雀信口鸣。
往岁深叹春时短，
今当花下多驻停。

2016 年 3 月 13 日　清河家中

独月

水洗白滩石，
风染墨林松。
我身如孤月，
独悬冷空中。

2016 年 3 月 26 日　清河家中

游灵通山

高崖悬古寺，
隔空闻妙经。
谷中鸟鸣脆，
山下人语清。
烟升乾坤炉，
溪出菩萨瓶。
骤然云雾起，
刹那觉身轻。

2016 年 4 月 5 日　福建漳浦

方竹

天下竹圆我独方，
身不在高正胸膛。
生来喜居深山谷，
听泉饮露嗅兰芳。

2016 年 4 月 8 日　福建泰宁

甘露寺

疑见古寺天上悬，
一柱独撑耸奇岩。
何来如此禅修处，
须臾小坐亦神仙。

2016 年 4 月 8 日 福建泰宁

画趣

晨来又是雷雨时，
天公戏水困四士。
适得窗外景色好，
隔墙同画各不知。

2016 年 4 月 8 日　福建泰宁

湖光

日和春气畅，
小岛炫花裳。
无意闲垂钓，
一心赏湖光。

2016 年 4 月 21 日　清华园

《顶峰气象》关东海

海南游

万水千山路，
一飞到海南。
情真热似火，
意切馨如兰。
礼佛南山寺，
躬探小洞天。
美景赏不尽，
无奈时当还。

2016年7月3日　清华园

高原行

连日清雨浸疏岩，
江源交流肆平川。
长路驱行极目尽，
半降云幕蔽雄山。

2016年8月12日 太行山石板岩

游阿里

长奔阿里寻梦急，
曾是沧海纳游鱼。
千年古格旧迹在，
海枯石烂土林奇。

2016 年 8 月 12 日　太行山石板岩

弈棋

二人静对弈，
状似统千军。
玄机生万变，
应对巧从心。

2016 年 8 月 15 日　太行山石板岩

游金灯寺

高崖隐古寺，
塔林环苍松。
轻推山门入，
举目不见僧。
小窟佛临水，
重院浸钟声。
一纸水墨在，
寥寥寄我情。

2016 年 8 月 21 日　太行山石板岩

游鲁班豁

山阻东西路，
神斧开天门。
往来千古客，
各赞鲁班神。
石室黄犬吠，
夜宿牧羊人。
世代说旧事，
风过闪星辰。

2016 年 8 月 23 日　太行山石板岩

访山叟不遇

拜罢金灯访井底，
林径已暗登阶急。
持镰老叟今何在?
空门犹对空山溪。

2016 年 8 月 26 日 清河家中

采柏人

一时贵崖柏，
山人采掘忙。
持镜仰头寻，
高崖坠绳长。
珠串本无益，
商家炒其良。
区区千元利，
年陨二十郎。

2016 年 8 月 27 日　清河家中

高原行

朔风鼓云帘，
心逸雪山前。
车逐大湖近，
飘然在高原。

2016 年 9 月 6 日　清河家中

长岛

极目仙岛环，
孤舟泛海天。
一橹划水动，
搅乱星棋盘。

2016年11月23日 清河家中

琴箫乐

箫起百鸟静，
琴掩溪泉声。
同享林中乐，
不思山外风。

2016年12月4日 清河家中

登黄鹤楼

余阳洒落江满金，
名楼谦低远楼林。
千年迎送多少客，
可叹今子少文心。

2016年12月21日 清河家中

自在树

一纸庸令莽夫来，
冠头削去显柱材。
但且留得老根长，
来春依旧香花开。

2017年1月13日　清河家中

威尼斯

相去已十载，
重游威尼斯。
千桥连美巷，
百舟渡远宾。
日落客归店，
夜来鸟栖林。
无奈当别时，
百般不舍心。

2017 年 1 月 23 日 意大利拉韦纳

无界

一飞万八千，
遨游天地间。
下有百国界，
上看地无边。

2017年2月13日 清河家中

拜娲皇宫

薄雪微映娲皇宫，
殿阁遥悬半天中。
石阶曲折引远客，
古经满壁历山风。
持香敬跨门三道，
俯身拜登楼四重。
一石难解万古秘，
补天光耀人祖名。

2017 年 2 月 13 日 清河家中

阿里行

一缰脱去踏群峰，
雨帘直降半遮空。
神山三日不谋面，
鬼湖万顷笑迎中。
高岭斑斓出鸾凤，
土林嶙峋盘蛟龙。
古格孤城悬天外，
行至阿里天际穷。

2017 年 3 月 22 日　清华园

《冬之静》关东海

卒业

一纸论文终学业，
社会方是真学堂。
精心构建章与句，
作好人生大文章。

2017 年 3 月 28 日　清河家中

移来木

春园新种无名树，
一木竖起三木扶。
不知谁定此贵贱，
一命得生三命无。

2017 年 4 月 7 日　清华园

筑巢

春来新叶披枝条，
黑白喜鹊忙筑巢。
树下遗落百余枝，
老根可鉴此辛劳。

2017 年 4 月 7 日　清华园

宫中菊

千纸练废笔成堆，
花为蜂蝶画为谁？
愿写荒坡野菊瘦，
不爱宫中百花肥。

2017 年 4 月 8 日　清华园

金阁牡丹

何园牡丹为君留，
唯见此花隐丛幽。
娇瓣镶得红边贵，
是谦是羞难抬头。

2017 年 4 月 26 日 清华园

沂蒙山村

雄鸡啼不断，
梦好难相连。
晨来夜雨去，
小院满榆钱。

2017 年 5 月 7 日 清河家中

登泰山

鸡鸣众星散，
泰岳迎日轮。
临顶圆宏志，
笑出南天门。

2017 年 5 月 11 日　清华园

鹦鹉

澳洲鹦鹉很值钱，
养在吾家实堪怜。
一对在时常欢唱，
如今丧偶少答言。
自拔金羽因何在?
饥渴叫食无人前。
生来囚在铁笼养，
此命轻薄苦挨年。

2017 年 5 月 16 日　清华园

阿里

行车两千里，
三日无人烟。
独自观美景，
圣湖映圣山。

2017 年 5 月 29 日　清华园

写松柏

平安心中念，
天公显奇灵。
泰山云忽远，
岱庙雨骤停。
老松展仙骨，
古柏存英名。
一册涂写满，
难答众友情。

2017 年 6 月 25 日 清河家中

画山水

人有肖像传神采，
树写松柏表忠肝。
山水只画山和水，
如对藏域裸山川。

2017 年 7 月 3 日　清河家中

西域情

走出天山入昆仑，
喀什塔城西域门。
山骨嶙峋无寸草，
河道逶迤遍沟痕。
五彩岩后雪山高，
白沙山前碧湖深。
天路遥遥人情暖，
歌狂酒烈车长奔。

2017 年 7 月 26 日 塔什库尔干

丽江

狮山瞰古巷，
千户黑瓦浪。
玉龙云中隐，
老歌依旧唱。

2017 年 8 月 13 日　丽江古城

漓江

欲晓阳朔山水美，
当放此身竹舟行。
兴坪三日难尽知，
漓江百里真画屏。

2017 年 9 月 1 日　清华园

边疆行

天山一日过，
草原夜观星。
龟兹千窟锁，
喀什高台迎。
深入红峡谷，
借道魔鬼城。
风尘安可阻，
远疆自有朋。

2017 年 9 月 3 日　清华园

《高瀑》关东海

秋寒

又是一岁秋雨凉，
少年未及添衣裳。
阴风半袖搓双臂，
老者已着厚棉装。

2017 年 10 月 11 日　学清苑

阳朔

山有白云水有天，
天造此境人流连。
何方神圣不经意，
一盘仙桃落人间。

2017 年 10 月 18 日 清华园

大龙湫

高崖回唱千古客，
小店常宿宿又还。
风卷飞瀑箫声起，
水毫狂舞书碧潭。

2017 年 12 月 1 日　能仁寺

悟空

空即满来满亦空，
各持皮囊难求同。
严束此身行当世，
勿使欲念挂心中。

2018 年 1 月 19 日 学清苑

不期

常有不期事，
当遇无须寻。
叶落水中树，
鸟归天际群。
清风拂弯柳，
残阳入红云。
娇儿一声唤，
抬头自家门。

2018 年 1 月 22 日 学清苑

晚冬

匆匆岁又过，
对镜多感慨。
不觉背渐驼，
无奈发增白。
旧照存黄册，
残阳隐暮霭。
冬深犹未雪，
满眼更无彩。

2018 年 1 月 22 日 学清苑

画人

用心呵护老皮囊，
求索无惧夜路长。
但有佳作传百世，
不枉此生做画郎。

2018 年 1 月 31 日　清华园

山中

不觉山中居七日，
乐得野逸不思回。
老鹊驾雾临小院，
无风无雨亦无为。

2018年2月1日 学清苑

忙

时代变无常，
人若织梭忙。
购物有快递，
街多送饭郎。

2018 年 2 月 3 日　学清苑

论画

山奇水亦奇，
当赞造化力。
画应出造化，
胸中辟天地。

2018年2月6日 学清苑

行阿里

大坡倾西南，
土林显巍峨。
百里少人迹，
千年遗古格。
地老此可鉴，
天荒何需驳。
雪山层如浪，
远眺天竺国。

2018 年 2 月 9 日　清河家中

北水段

行问北水段，
心中叹太行。
石倾似惊魂，
路曲若断肠。
山险人力在，
泉高水流长。
崖上几方田，
夫妻正秋忙。

2018年2月9日 清河家中

黄山

缓步临高台，
云头望西海。
松曲若龙蜷，
峰立似仙来。
雨过诗句成，
云去画门开。
此非人间境，
笔拙难抒怀。

2018 年 2 月 11 日　清河家中

秋夜

日没灯照书，
灵雀藏老屋。
云墨纵横染，
风夜秋竹哭。

2018 年 2 月 12 日 清华园

绘事

古来绘事不重样，
一世当有一世新。
山水只画山与水，
勿从树屋费光阴。

2018年2月22日　学清苑

《空谷》关东海

春来

一忽春来即消寒，
万木滋新百鸟欢。
心悬踏青撷花日，
苦待窗前望远山。

2018 年 3 月 13 日　学清苑

痴书

窗前榻横卧，
腹背淋日光。
迷迷半入梦，
昏昏整日荒。
目中浮草字，
指头划偏旁。
何时醉或醒，
痛书百尺长。

2018年3月18日 学清苑

参南华古寺

久慕南华终成行，
甘雨洒路临门停。
满院草木漫花香，
千年菩提隐雀鸣。
仰瞻慈容扑身拜，
细览圣迹抚心平。
彩灯遮天今何日？
六祖生辰巧欣逢。

2018 年 3 月 24 日　广东连平

叹玉兰

北来千里沙，
黄天白玉兰。
满树如落鸽，
昂首终不凡。
但恨花时短，
三日失娇颜。
昨犹若羊脂，
今见满锈斑。

2018 年 3 月 30 日　清华园

同世缘

天行无初始，
地德载灵根。
万物皆有来，
同世缘何深。

2018 年 4 月 4 日　学清苑

清明

天地有行人有情，
生者常念逝者名。
自古清明天悲雨，
焚香烧纸祭祖灵。

2018 年 4 月 4 日 学清苑

牡丹园

千亩牡丹园，
花繁多异彩。
新品因时种，
老株按区栽。
人分早晚至，
花有先后开。
寻得娇姿美，
不虚为此来。

2018 年 4 月 17 日 学清苑

访泥塑家

匆匆蓟州行，
再叙忘年情。
巧手塑天地，
泥偶撼心灵。
豁达穷父老，
快乐苦乡邻。
人生得百态，
大道终修成。

2018年5月2日 学清苑

纪行

借宿盘山东，
店家说景致。
宝塔出松林，
残碑卧古寺。
乾隆百首诗，
康熙四个字。
旧事何相传，
胜迹隐于市。

2018 年 5 月 2 日　学清苑

得闲

投宿在盘山，
无事闲一日。
朝阳暖老膝，
晨鸟理羽翅。
西墙挂绿藤，
东篱熟红柿。
独坐半山中，
仿佛出尘世。

2018 年 5 月 4 日 学清苑

游蓟州

晚春访蓟州，
随友盘山行。
停车半山路，
忆讲当年景。
日寇清平地，
八路占野岭。
人老多故事，
村偏有盛情。
主人热待客，
引我石间行。
乾隆遍题字，
只因石壁平。

2018 年 5 月 4 日　学清苑

拜永福寺

寺小得清静，
独隐半山间。
笑目迎远客，
冷指伏威犬。
书写佛门语，
茶品苦中甜。
进香拜菩萨，
宝殿可通天。

2018 年 5 月 25 日 学清苑

茶情

空壶水满满又空，
水有来去味不同。
红绿黑白茶可尽，
甘苦浓淡情难穷。

2018 年 6 月 1 日　学清苑

壶

空即满来满亦空，
皮囊一具当持重。
常修此身内外洁，
勿使残渣烂腹中。

2018 年 6 月 2 日　学清苑

坭兴陶

取泥河东西，

骨肉合为体。

万载制陶史，

千秋精手艺。

朴美天成色，

雄浑人造器。

锤炼巧心手，

再创神鸟绩。

2018 年 6 月 4 日　学清苑

访扬州

富起盐商甲一方，
诗书礼教出帝王。
承君一席淮扬菜，
尽展吴门鱼米香。

2018年7月2日 学清苑

扬州瘦西湖

可比西湖美，
瘦湖实为河。
盆种千姿松，
路展百种荷。
慢飞白鹭鸶，
悠游黑天鹅。
此非一家园，
天下古盐国。

2018 年 7 月 2 日 学清苑

《灵山》关东海

捡石人

踏遍八荒境，
自为奇石生。
黑肤曜美玉，
金汗凝干风。
日食半馕饼，
夜宿一帐篷。
每出必有得，
宝藏日见丰。

2018 年 7 月 30 日　学清苑

罗布泊野人

人谓我狂野，
我为罗布魂。
头枕大戈壁，
身披满星辰。
常有五灵梦，
时入三界门。
举目无他物，
天地中一人。

2018 年 7 月 30 日 学清苑

涮沙

一跃入大漠，
马达如雷鸣。
低头冲锅底，
昂首跨刀锋。
技高增胆色，
气盛扬威风。
四轮若舟楫，
沙海任纵横。

2018 年 7 月 30 日 学清苑

锡崖沟

一沟相连八山突，
状若莲花非真如。
似有清香秋夜晚，
高瀑空流冷月孤。

2018年8月22日 学清苑

大山

大山深处自然村，
天壁阻隔苦无门。
纵有千古多少事，
崖上崖下几家人。

2018 年 9 月 28 日 学清苑

豪德寺

千猫守木塔，
古碑倚老松。
门旁谁静立？
细雨小红枫。

2018 年 11 月 25 日 学清苑

游武夷山

一筏二艄公，
首尾撑篙忙。
跌宕随山水，
九曲转阴阳。

2019 年 1 月 11 日　学清苑

腊八

腊八正寒时，
花未上梅枝。
炉暖消冰砚，
秃笔两行诗。

2019年1月13日 苏州

春绿

南方燕早忙，
北国犹冰霜。
稻田新秧绿，
四野春花香。

2019 年 2 月 24 日　清河家中

秋静

宝书留空房，
倦猫眠老墙。
不尽黄叶落，
独闲长椅凉。
微风送香桂，
高竹遮骄阳。
闭目鸟声清，
雁过不平常。

2019 年 2 月 25 日 清华园

心得

日间观世开眼窗，
夜来闭目得心象。
一生行卧参天理，
心血书尽成文章。

2019 年 3 月 10 日 学清苑

春时

天碧日忽暖，
万生竞大地。
好雨应农时，
早蜂劳花季。
春短花速开，
燕回柳急绿。
各当惜春华，
但恐错佳期。

2019年3月15日 清华园

胖模特

一左一右二千金，
高台蜷坐若白云。
多少画笔如雨落，
写尽风流与酸辛。

2019 年 3 月 17 日　学清苑

老模特

八旬老皮匠，
皱纹满脸庞。
一身好手艺，
全心为国忙。
年年当劳模，
常常见首长。
老来显坐功，
师生围画像。
万事要做好，
和善人健康。
不沾烟和酒，
乐叙旧时光。

2019 年 3 月 26 日 学清苑

玻璃厂

七月玻璃厂，
车间如火炭。
工钱按件记，
件件半碗汗。
勤饮绿豆水，
晾衣大风扇。
内外一般热，
洒水地即干。
皆赞琉璃美，
何人知苦甘。

2019 年 3 月 30 日 学清苑

习书画

心清无怨识途晚，
中年行舟亦扬帆。
站临右军坐率更，
卧读八大枕范宽。
笔冢难言入画境，
池墨未必过书关。
遍游群山成胸壑，
细笔可写万丈山。

2019年4月9日 学清苑

五一节

五一四处人嘈杂，
正得独闲自在家。
小桌慢书百十字，
南窗侍弄三五花。
忽梦忽醒书在手，
有粥有菜碗不刷。
此时唯恐老妻回，
声若市井叫喇叭。

2019 年 5 月 6 日　学清苑

《山高水长》关东海

访资州

铁甲穿山车飞驰，
蜀中资州人少识。
文庙山谷幽兰赋，
武庙军曹断头石。
重龙腾跃古北崖，
老龟静卧唤鱼池。
惊叹巧缘各方聚，
自适其所应天时。

2019 年 5 月 16 日　学清苑

重逢

一别十七载，
相见忆从前。
花眼对白发，
幼儿成青年。
行走巴黎城，
遍赏美术馆。
留影凯旋门，
听歌圣母院。
阁楼小电台，
乡音暖心田。
相去无音信，
再逢总是缘。

2019年7月10日 学清苑

拓画

为诺飞来聚一堂，
驱车天涯行远疆。
七夕夫妻隔河汉，
立秋莽原洒星光。
额颈咸汗渍肤痛，
头顶日光刺目盲。
薄纸轻拓难成画，
黑石板上大角羊。

2019 年 8 月 13 日　新疆

己亥中元节

一日行三界，
疑闻鬼欢腾。
银鹰东飞速，
红日西落匆。
书通云上月，
钱汇海底宫。
心中思父母，
俯瞰百城灯。

2019 年 8 月 15 日 乌鲁木齐—北京飞机上

友别

一别东归万里云，
悲若孤雁离宗群。
黄河水送天山酒，
落日西去总向君。

2019 年 8 月 19 日　学清苑

笔走天涯

相随一支笔，
伴我走天涯。
冬书千篇字，
春写满山花。
倦倚青石卧，
醉画野松斜。
快意行天地，
四海可为家。

2019 年 8 月 26 日　听松书院

悟艺

常作孤雁行，
寰宇皆为家。
睡眼望云散，
醉意写松斜。
一笔书联句，
数墨点成花。
自此明艺理，
唯简最是佳。

2019 年 8 月 27 日　听松书院

教师节

卅年教书忙，
度岁未觉长。
忽回老学生，
满首亦秋霜。

2019 年 9 月 10 日　清华园

聚会

卅年同学聚，
名在面已生。
携手言无尽，
相拥泪纵横。
匆匆儿女大，
纷纷事业成。
乱忆当年事，
怀旧同窗情。

2019 年 9 月 23 日　学清苑

寒露

一夜夏去感秋寒，
百花收艳让菊兰。
寻来长杆采白果，
晚布七星点君盘。

2019 年 10 月 12 日 学清苑

残荷

荷花已去舟空浮，
断枝残叶守静湖。
昔日鸣蛙今何在，
枯伞可收秋雨无。

2019 年 10 月 12 日　学清苑

事故

心中多事路多坡，
却把油门当刹车。
一脚踩下二车损，
无名烦恼又增多。

2019年11月22日 学清苑

西湖

白蛇压高塔，
岳帅葬圆丘。
法海入蟹壳，
秦桧困鸡首。
歌诉千古怨，
书载万年丑。
心念若慈悲，
江湖可携手。

2019 年 11 月 30 日　学清苑

励志

人生向大道，
学问不可停。
读书又教书，
解铃亦系铃。
寒窗图作为，
都市应隐名。
愿写真山水，
不做无头行。

2019 年 12 月 8 日 学清苑

游鹿儿岛

客来鹿儿岛，
皆赞民风好。
切磨制美器，
县厅共探讨。
黎明陈佳作，
但恨撤展早。
详问大岛绸，
试描莳绘稿。
石桥赏鲤鱼，
城山望樱岛。
渡轮互拍照，
温泉同浴脚。

荒木盘泥条，
土藏淘旧宝。
挥手送君去，
东海烟波渺。

2019 年 12 月 16 日 清华园

育人

治学辛如开荒滩，
种树容易育人难。
十年苦栽百棵木，
只成佳材三五员。

2019 年 12 月 21 日 学清苑

《圣湖》关东海

庚子春

春又绿枝头，
欢喜老野狗。
鸭声水中游，
鞋泥岸边走。
和风摇轻花，
夕阳镀金柳。
国内疫情退，
海外乱脚手。

2020 年 3 月 17 日 学清苑

鹦鹉

枝头鸟成双，
各炫花衣裳。
雄鸟见雌鸟，
人言已忘光。

2020年3月21日 学清苑

老母鸡

儿孙已离家，
便无早晚忙。
花裳退颜色，
火冠失红光。
但有蒜皮事，
老邻可相帮。
墙边少言语，
闭目晒太阳。

2020 年 3 月 25 日　学清苑

立夏

云飘细雨藏月灵，
六尺雪毡已展平。
一管轻毫草字落，
十页黄纸冷墨凝。
心动刹那得画意，
思出万里卷诗情。
应使酒对双杯醉，
人世有谁愿独行。

2020 年 5 月 8 日　学清苑

母亲节

一啼入世苦，
弱婴双乳哺。
开口仿言语，
牵手教行步。
病喂三更药，
冷备早冬服。
精心养儿大，
油然思老母。

2020 年 5 月 10 日　学清苑

乐梦

阴阳总相割，
乐得逐梦影。
日间三餐饭，
梦中千百境。
时空常变换，
今古可同行。
醒来日如常，
我心可稍宁。

2020 年 5 月 15 日　学清苑

食欲

冰箱满来满又空，
铁锅吞吐百味丰。
酒肉穿肠随粪去，
皮囊何谈修神通。

2020 年 5 月 15 日　学清苑

闲日

墨指擒桑葚，
青碗含绿茶。
盐水煮白藕，
黄酒送红虾。

2020 年 5 月 17 日　学清苑

境界

云涌苍鹰傲独岩，
云底山雀互周旋。
可知上下不同境，
山头山脚两重天。

2020 年 5 月 20 日　学清苑

小满

千窗复熄灯，
渐远雷电声。
夏雨淅沥落，
布谷鸣三更。

2020 年 5 月 20 日 学清苑

牡鹿

青山有鹿人有路，
身披梅花头顶树。
生在空谷声鸣远，
勇攀危岩立高处。

2020 年 5 月 30 日　学清苑

菊

秋深斜日光，
寂寞小园荒。
卷叶渐枯萎，
头上生银霜。

2020 年 5 月 30 日 学清苑

咏梅

凛凛立孤岩，
无惧雪来迟。
万华自此始，
一剪报春时。

2020 年 6 月 2 日　学清苑

鞑子香

人生在北疆，
不知寒梅芳。
最喜春四月，
遍野鞑子香。

2020 年 6 月 2 日 学清苑

毕业典

眼见清零时，
疫情又告危。
正值毕业季，
半数学生回。
简短行庆典，
师生道久违。
夏至火骄阳，
心内冷伤悲。
相坐隔一米，
人人须罩嘴。
身着学位袍，
合影相环围。

欢聚苦时短，
暗落珍珠泪。
离别话依依，
后会可期谁？

2020年6月22日 学清苑

双刃剑

一日千里展通途，
应叹科技泄天书。
手机扫码行天下，
孩童风轮互追逐。
天眼驱车引路径，
电脑操刀去瘤毒。
欲念磨利双刃剑，
锋指万众对祸福。

2020 年 7 月 1 日　学清苑

《圣山》关东海

荔枝

夏至荔枝又见市，
今者不知古时难。
南疆孩童树上采，
北土贵胄盘中观。
历经七日献宠妃，
驰奔千里抵长安。
如今可自空中来，
红衣剥去玉肉甘。

2020 年 7 月 2 日 学清苑

天山

危途临高险，
积云远天边。
黑白交相错，
轻重瞬时迁。
溦水切峻谷，
铁山压金泉。
欲达神仙境，
奈何行路艰。

2020 年 7 月 15 日 学清苑

向山

驰车向大山，
雄方似壮男。
环水添柔情，
落日照赤岩。
一行轻雁过，
数片红云淡。
石屋笑迎客，
灯昏酒饮干。

2020 年 7 月 17 日　学清苑

东极

长驱达抚远，
夜抵雄冠头。
东极迎早日，
二江交清流。
佳人情可期，
鸿雁书难求。
戍边高塔对，
国异不同楼。

2020 年 8 月 14 日　赤峰

行路

天涯苦行旅，
不厌循环曲。
前山有岔路，
岔停满车雨。

2020 年 8 月 20 日　学清苑

感秋

每食秋蟹天公雨，
老叶愈黄人增衣。
年周度宇七分过，
天河放舟何须急。

2020 年 9 月 29 日 学清苑

玻璃博物馆

百年老厂房，
风雨历沧桑。
熔池出玻璃，
通明万户窗。
海去变桑田，
瓦新为馆藏。
育众知物艰，
贡献琉璃行。

2020 年 9 月 30 日　学清苑

秦皇岛

中华巨龙此昂头，
铁脊巍岭历千秋。
魏武观海咏豪志，
始皇东巡仙药求。
楼台巨阙复何在?
河山日月依如旧。
神州代代有骄子，
不展宏图心不休。

2020 年 10 月 3 日 学清苑

长岛行

提线钓小蟹，
拣石月牙湾。
彩巾修长网，
小岛返渔船。
渡舟观海市，
丽影留沙滩。
画中景已非，
恍然三十年。

2020 年 10 月 6 日　学清苑

陶园记

定址水峪村，
手作三意陶。
千灵移小树，
六环迎大窑。
炎夏盖草亭，
转岁搭木桥。
十年圆初梦，
天道酬辛劳。

2020 年 10 月 7 日 学清苑

茶器·杯

天边留孤云，
缓缓送金轮。
万里碧青空，
怦然印红唇。

2020 年 10 月 8 日　学清苑

高原行

纵情跨高原，
已在三重天。
不觉行车险，
应知修路艰。
云笼锁双湖，
夕阳照金山。
遥遥见灯火，
夜宿始心安。

2020 年 10 月 11 日　学清苑

伤秋

疏林老绿杂红黄，
秋彩不输春华光。
白头常哀岁月快，
身沐骄阳亦感伤。

2020 年 10 月 14 日　学清苑

《幽谷》关东海

笔法诀

竖是力插定海针，
横若伟人指江山。
撇甩拂尘去浮土，
捺推元宝舍金钱。
锋戳斜刺点命穴，
中锋运腕切河湾。
行笔迅疾如剑舞，
挫笔似潮涌沙滩。
裹笔拢气太极球，
收笔取栗不可贪。

2020 年 10 月 14 日　学清苑

咏漆器八首

赠杨佩璋先生

杖

登高需扶杖，
踏雪寻梅忙。
白天侍老夫，
到晚若龙翔。

飞来石

山下香升天，
山上添云烟。
何方飞来石?
他年生猴仙。

神游

高台心神定，
缓缓入佳境。
天地任我游，
自在逍遥命。

千里红

临溪抚一曲，
清茶最解君。
提笔夕阳下，
千里阵红云。

山水居

谁家一片天?
小居湖山间。
闲时有茶饮,
春来可耕田。

清饮

叶下蛙避雨,
红莲渡蚁舟。
邀友酌清酒,
无明烦恼休。

风之形

风来也无踪，
风去也无影。
但见长裙舞，
半身现丽形。

饮芝

巍巍高崖悬，
仙芝沐云烟。
泉集千年露，
入我一壶间。

2020 年 10 月 17 日　学清苑

画室

花巾巧饰万国女，
妙手助通文化渠。
小案墨彩出奇境，
画斋育成宝华鱼。

2020年10月18日 学清苑

十渡

一渡二渡三渡美，
四渡五渡六渡水。
七渡八渡过长桥，
九渡十渡势雄伟。

2020 年 10 月 26 日 学清苑

晨

日红东方，
人勤行忙。
花雀觅食，
群鸦始航。
大木绿老，
小树金黄。
风削叶落，
扫人未慌。
各安己分，
平和无张。

伸肢疏脉，

晨气清凉。

身在广宇，

随喜八方。

2020 年 10 月 28 日　清华园

岁末

岁末将新年，
新冠变异现。
万千命消亡，
无分贵与贱。
医生日夜忙，
疫苗仍难见。
从此难安宁，
百国天下变。

2020 年 12 月 29 日　学清苑

年关

北风吹明冷月轮，
深寒彻骨少游魂。
新年已如隔墙至，
忙贴门神避瘟神。

2020 年 12 月 29 日　清华园

卧游

未得游山能画山，
斗桌可写心底宽。
大江大河经历过，
今可卧游九尺船。

2021 年 1 月 29 日 学清苑

写山

华夏多名山，
山各有雄风。
华岳松凌石，
黄山云沐松。
雁荡山嵌寺，
太岳顶破空。
太行卧南北，
秦岭横西东。
赤裸真山水，
西域万千峰。

2021 年 2 月 19 日 学清苑

《纵肆》关东海

六条幅

赠张睿先生题画诗

柿子

人家扁粗我修长，
内有琼浆似蜜糖。
摘取两个最如意，
劝君一次勿多尝。

石榴

传说此种西域来，
红心多子惹人爱。
满口榴香如红酒，
门前小园最宜栽。

樱桃

樱桃小口食樱桃，
满树红点清风摇。
日取一盘生欢喜，
养得夏日红颜娇。

沙果

秋日染红黄，
酸甜满腮浆。
正是儿时味，
此果最思乡。

青苹果

一捧聚散散青石，
可比龙泉美青瓷。
两刀四瓣煮糖水，
仲夏入夜消暑食。

黄杏

杏香引虫鸟，
落烂归自根。
适口勿多贪，
果核取苦仁。

2021 年 2 月 19 日　清华园

过年

酒罢夜深友何踪?
星向西行我向东。
十五烟花随月去,
彩灯依然照街空。

2021 年 3 月 10 日 学清苑

玉缘

奇缘生莫名，
美玉跳相迎。
一面亲如故，
从此伴终生。

2021 年 4 月 12 日　清华园

词

2018 — 2021

水调歌头·三入新疆

车去往西北，未知总在先。一路歌狂路远，行在天地间。出没无边荒漠，尽赏胡杨美玉，来又拜天山。仰望雪峰近，俯叹玉湖蓝。

攀红岩，渡秋水，跨莽原。新朋老友相伴，帐内夜观天。一梦睡在天河，醒来再量地阔，问地可有边？自在何思蜀，逍遥即是仙。

2018 年 10 月 8 日 学清苑

临江仙·儿子生日

一岁春华又过，正是最好年辰。昨日少年今成人，苦修一身功，如今欲出门。

日夜读书无数，甘心耐得孤独。一口吹灭十七烛，低头轻许愿，他日展宏图。

2018 年 10 月 9 日 清河强佑

西江月·回故乡

廿岁未回故里，小城物是人非。风吹叶落鸟何归，不见旧街问谁？

儿时玩伴少见，老邻样貌能追。相携落泪更增悲，千问何从应对？

2018 年 10 月 9 日 清河强佑

霞云红

水静如明镜，日没霞云红，都市夜来也喧腾，执笔对孤灯。孟夏时节少蚊蝇，正可将心宁。少时蹉跎老来憾，勿怨世不平。心存满足得安乐，如梦人生无输赢。

2020 年 5 月 17 日 学清苑

西极

天涯有路何人造？削石路，通东西。
孤车飘摇在天际。

仰观帐外满河星。羊归圈，狼来袭。
摩崖刻迹遍山地。

2020 年 9 月 18 日 清河强佑

白日梦

书在手上时时落，眼对字行心何焉？如云行在天。

窗前榻上醒又眠，醒与梦中不同年，又在双亲前。

2020 年 10 月 11 日　学清苑

重阳

痴遇如花季，对演人生戏。少小皆苦，早历风雨，同舟飘摇，闭门对泣。

结发盛名时，相携人老去。一人先走留者苦，独在笼中度虚岁，不期梦中聚。

2020 年 10 月 25 日 学清苑

卜算子·冬至

冬至地广寒，谁知高天冷。今夜土木星相合，一梦真身醒。

从此万事变，如风越高岭。半生已过悟新境，蛙终出枯井。

2020 年 12 月 22 日　学清苑

鹧鸪天·心苦

年关数事压心头，皆须自解人难辅。
开启魔盒出灵怪，搅乱心田无乐土。

食不甘，睡不熟，心有执念常凄苦。
人欲何时能了尽，脱离挂碍得自主。

2020 年 12 月 23 日 学清苑

长相思·行旅

夜安宁，路不平，孤车如舟临峰顶，越过兴安岭。

身可行，心可行，无谓黑夜与天明，但赏途中景。

2021 年 1 月 2 日　学清苑

《甘霖》关东海

后 记

这是我人生第一次发表诗集，心怀忐忑，每首诗皆是个人日常生活所感，是对岁月光影的记录，未曾想如今能集册出版，在此要感谢我的同事马小生为诗集的出版联系奔走，使我能够专心于诗集的整理与编排；感谢我的学生刘雨为诗集做的装帧设计，使诗意更好地得到传达；感谢张蕊编辑对诗集提出各种修改意见，使诗集更趋完美。